Eva Christian

Als Weihnachten einmal fast nicht stattfand

Eva Christian

Als Weihnachten einmal fast nicht stattfand

Mit Bildern von
Katharina Reichert-Scarborough

Hase und Igel®

Für Lehrkräfte gibt es zu diesem Buch
ausführliches Begleitmaterial beim Hase und Igel Verlag.

Originalausgabe
© 2023 Hase und Igel Verlag GmbH, München
www.hase-und-igel.de
Lektorat: Patrik Eis
Druck: Grafisches Centrum Cuno GmbH & Co. KG

ISBN 978-3-86316-294-8
1. Auflage 2023

Inhalt

1. Kapitel

Wenn Eltern plötzlich
verrückt werden

Gemütlich kuschelt sich Moritz unter seine Bettdecke. Er ist gerade erst aufgewacht, aber aufstehen will er noch lange nicht. Schließlich ist Samstag. Am Wochenende kann er immer ausschlafen.

Samstag, überlegt Moritz. Er streckt seine Hand unter der Decke hervor und kratzt sich am Kopf. *Da war doch was. Aber was nur?*

Verschlafen dreht er sich um und guckt aus dem Fenster. Alles kahl da draußen. Die Äste der großen Buche sind von Reif überzogen. Aber natürlich ist kein Schnee in Sicht. Ob es den wohl noch vor Weihnachten gibt?

Weihnachten! Mit einem Ruck setzt Moritz sich auf. Jetzt fällt es ihm wieder ein. Morgen ist schon der zweite Advent und er muss heute etwas ganz Wichtiges erledigen: Er muss seinen Wunschzettel schreiben!

Natürlich vermutet Moritz längst, dass das Christkind tatkräftig Unterstützung von seinen Eltern bekommt. Sie besorgen die Geschenke. Trotzdem ist der Wunschzettel notwendig. Moritz hat seinen Eltern bereits viele Wünsche genannt. Aber ob sich die beiden alles richtig gemerkt haben?

Außerdem geht der Wunschzettel auch an Oma Rita und Oma Dörte. Die haben angeblich den besten Draht zum Christkind. Moritz ist sich sicher, dass die Omas auch selbst einkaufen gehen. Doch voll Überzeugung erklären sie ihm immer, dass das Christkind die Geschenke für ihn versehentlich bei ihnen abgegeben hat.

Soll mir recht sein, denkt sich Moritz. Langsam kriecht er unter der Bettdecke hervor. *Hauptsache, Oma Rita verwechselt nicht wieder den Technikbausatz mit irgendwelchen normalen Bausteinen. Und ein besserer Motor wäre dringend nötig, damit ich endlich ein richtiges Riesenrad bauen kann.*

Moritz überlegt kurz, ob er sich gleich an seinen Schreibtisch setzen soll. Aber dann knurrt sein Magen. Vielleicht doch zuerst frühstücken?

Dann kann er Mama und Papa auch gleich den Wunschzettel ankündigen. Damit die beiden nicht ohne die Liste einkaufen gehen.

Langsam schlurft Moritz über den Flur zum Bad. Bevor er die Tür erreicht, entdeckt ihn Lucky schon. Die kleine Promenadenmischung springt schwanzwedelnd an ihm hoch.

„Nicht jetzt, Lucky", brummt Moritz. *Papa hat doch Frühdienst bei Lucky. War er noch nicht mit ihm draußen?*

„Moritz?", kommt Mamas fragende Stimme aus der Küche. „Bist du schon wach?"

Nein, ich liege noch im Bett und träume von Weihnachten, schießt es Moritz durch den Kopf. Aber dann brummt er doch: „Ja, bin wach."

„Beeil dich! Es gibt frischen Toast und Rührei!", ruft seine Mutter gut gelaunt zurück.

„Gleich fertig!"

Moritz schüttelt den Kopf. Wie kann seine Mutter nur am frühen Morgen schon so munter sein? Nicht einmal sein Vater versteht das. Und der ist doch schon seit Ewigkeiten mit ihr verheiratet. Eigentlich ist es ja gar nicht schlecht: Eine fröhliche Mama sorgt immer für leckeres Frühstück. Aber leider will sie, dass alle anderen morgens auch so fröhlich sind. Und damit hat Moritz ein Problem. Papa manchmal auch.

„Du bleibst draußen", murmelt Moritz und zeigt auf den Platz vor der Badezimmertür. Lucky versucht, ihn jederzeit und überallhin zu begleiten. Aber beim Badezimmer zieht Moritz eine Grenze. „Wir können später spielen", erklärt er dem kleinen Hund.

Lucky sieht ihm trotzdem traurig hinterher, als er die Tür vor der Hundenase zumacht.

„So früh schon auf den Beinen?", erkundigt
sich Papa überrascht. Er angelt gerade zwei
Scheiben Brot aus dem Toaster. Eine legt er auf
Moritz' Teller.

Moritz wirft einen Blick auf die Küchenuhr.
Halb acht, wirklich ganz schön früh. „Ich hab
heute viel vor", erklärt er, während er sich an den
Küchentisch setzt.

Mama kommt mit der Bratpfanne vom Herd
herüber. „Nun stärke dich erst einmal", schlägt

sie lächelnd vor. „Und dann verrate uns, was bei dir ansteht. Triffst du dich mit Arian?"

Wieso muss Mama das nur jeden Samstag fragen? Moritz verdreht die Augen. „Ich treffe mich doch jeden Samstag mit ihm."

Arian ist sein bester Freund. Sie kennen sich seit dem Kindergarten. Nur gehen sie leider nicht in die gleiche Schule. Arian besucht nämlich keine normale Grundschule, sondern eine, in der man mehrere Sprachen lernt. Das liegt daran, dass Arians Vater aus China kommt. Seine Mutter ist Deutsche. Arian soll deshalb nicht nur Deutsch sprechen. Er soll auch Englisch, Chinesisch und noch andere Sprachen lernen. Wie kann er sich die alle merken, ohne sie zu verwechseln? Das ist für Moritz ein Rätsel.

„Und was macht ihr heute?" Mama ist mal wieder besonders neugierig. Doch bevor Moritz ihr das sagen kann, erklärt Papa: „Was Jungs halt so tun: rumlaufen, Fußball spielen, am Computer sitzen, quatschen … Oder?" Papa redet so, als wüsste er alles. Dabei hat es noch gar keine Computer gegeben, als er jung war. Zumindest keine solchen wie heute. Die waren früher doch riesig. Und spielen konnte man damit sicher auch nicht.

„Wo du den Computer erwähnst", wirft Moritz ein. „Darf ich den nachher anmachen? Ich will meinen Wunschzettel schreiben."

Papa runzelt die Stirn. „Das geht aber auf deine zwei Stunden Computerzeit für Samstag und Sonntag … Aber *was* willst du schreiben?"

Moritz verdreht die Augen. *Will Papa jetzt wieder besonders lustig sein? Oder schläft er noch halb?*

„Meinen Wunschzettel. Für Weihnachten. Du weißt schon, das Fest mit den Geschenken", wiederholt Moritz langsam. Sozusagen für Papa zum Mitschreiben.

Papa guckt trotzdem ziemlich verwirrt. „Was für ein Fest? Und was für Geschenke?"

„Mensch, Papa, das ist nicht lustig. Ich bin kein kleines Kind mehr, mit dem man solche Scherze machen kann", mault Moritz. Bei Geschenken hört der Spaß für ihn auf. „Du solltest wissen, warum ich die Liste schreiben muss. Wahrscheinlich hast du schon längst vergessen, was ich mir wünsche."

Doch Papa guckt noch komischer und sieht zu Mama hinüber. „Hast du ihm irgendwelche Geschenke versprochen?", erkundigt er sich.

Mama schüttelt den Kopf. „Und was soll das für ein Fest sein? Weihnachten? Moritz, ist das etwas, worüber ihr in der Schule gesprochen habt? Ich hab davon noch nie gehört."

2. Kapitel

Wenn nichts mehr ist,
wie es sein sollte

Moritz ist sauer. Stinksauer. Weihnachten, was soll das sein? *Denken meine Eltern echt, sie könnten mich auf den Arm nehmen? Was soll das doofe Spielchen? Da muss ich mir gut überlegen, ob ich ihnen noch ein Weihnachtsgeschenk basteln will.*

Moritz knallt die Tür seines Zimmers zu. Doch im nächsten Moment reißt er sie wieder auf. Bestimmt wird Papa gleich in seinem Zimmer stehen. Mit einem breiten Grinsen. Und dann kommt: „Hereingelegt!" Aber diesen Spaß wird er ihm verderben.

Moritz schleicht in den Flur und schlüpft in seine Schuhe. Er greift gerade nach seiner Jacke und der Mütze, da steht Lucky schon

15

wieder schwanzwedelnd vor ihm. „Meinetwegen", brummt Moritz. „Du kannst mitkommen." Schnell holt er Luckys Leine aus der Schublade, dann ab zur Tür. „Ich bin weg!", schreit er, bevor er nach draußen rauscht.

Geschieht ihnen recht, wenn sie mich jetzt den ganzen Tag nicht mehr sehen, denkt Moritz. *Nur noch zum Essen.* Wie auf Kommando murrt sein Magen. Eine Scheibe Toast hätte er schon noch essen können. Aber nicht, wenn man ihn so ärgert.

Draußen fegt Lucky sofort zu dem Grünstreifen, wo die Autos parken. Erst ein bisschen schnuppern, dann das Bein am nächsten Baum heben. „Mit mir macht Papa dumme Scherze und dich hat er vergessen", sagt Moritz zu Lucky. Geduldig wartet er auf den kleinen Hund. „Komm, wir besuchen Arian", erklärt er ihm dann. Das lässt das schwarze Wollknäuel sofort aufhorchen. Von Arian bekommt er fast immer Hundekuchen.

Ein paar Häuser weiter klingelt Moritz an der Tür eines großen Wohnblocks. Erst ein Rauschen, dann tönt ein „Ja bitte?" aus der

Sprechanlage. „Hier ist Moritz." Mehr muss er gar nicht sagen. Sofort hört er den Summer.

Warum muss Arian ausgerechnet im vierten Stock wohnen? Diese Frage hat Moritz sich schon oft gestellt. *Und warum wohnt er überhaupt in einem Mietshaus? Seine Eltern verdienen doch sehr gut. Die könnten sich locker ein eigenes Haus leisten.*

„Was kommt denn da für eine lahme Schnecke angeschlichen?", ruft Arian ihm fröhlich entgegen. Moritz stapft die letzten Stufen hinauf und begrüßt seinen Freund mit ihrem geheimen Handschlag. Den kennen nur Arian und er. Lucky quetscht

sich zwischen sie. Er springt japsend vor Arian auf und ab.

„Habt ihr wieder nicht genug Hundekuchen zu Hause?", erkundigt sich Arian. Er krault Lucky und lässt sich von ihm die Finger abschlecken.

„Moritz, hast du schon gefrühstückt?", kommt die Stimme von Arians Mutter aus dem Flur.

„Nicht viel, Frau Gao!", ruft Moritz zurück. Arian winkt ihn schon in sein Zimmer.

Arians Mutter steckt kurz den Kopf aus der Küchentür. „Dann bringe ich euch nachher ein paar Brote vorbei."

„Die brauchst du nicht zu bringen. Ich hol sie gleich ab", entgegnet Arian. Moritz weiß, dass er das nicht macht, um seiner Mama einen Weg zu ersparen. Arian mag es einfach nicht, wenn sie plötzlich in sein Zimmer reinschneit. Aber eine Mutter, die mit belegten Broten vorbeikommt, ist doch toll. Viel besser als eine, die behauptet, Weihnachten nicht zu kennen. Das muss er Arian gleich erzählen.

„Meine Eltern sind echt nervtötend", stöhnt Moritz. Er lässt sich auf den Teppich vor Arians Bett plumpsen.

Arian kramt aus einer Schublade einen Hunde-kuchen hervor und hält ihn Lucky hin. „Was haben sie denn getan?"

„Nur dummes Theater. Sie haben angeblich vergessen, was Weihnachten ist. Die haben doch nur Angst, dass mein Wunschzettel zu lang wird", fasst Moritz das Erlebnis am Frühstückstisch zusammen. „Deine Eltern halten dich sicher nie so zum Narren."

Arian setzt sich mit einem komischen Gesichts-ausdruck zu Moritz. „Ähm … worum geht's?", hakt er nach.

Moritz verdreht die Augen. „Ja, genau so haben die das gemacht. Zuerst Papa und dann kam Mama noch hinterher." Wütend schlägt er mit der Faust auf den Teppich. Lucky lässt vor Schreck sein Leckerli fallen. „Und dabei wollte ich heute doch den Wunschzettel schreiben. Du hast deinen sicher schon längst abgeliefert. Oder deine Eltern wissen auch ohne ihn, was du haben willst. Solche Eltern will ich auch haben. Die wünsche ich mir zu Weihnachten."

„Du wünschst dir Eltern zu … was?" Arian guckt ziemlich verwirrt.

„Nee, jetzt nicht du auch noch!", ruft Moritz. Genauso hat Papa vorhin ausgesehen. *Haben sich jetzt alle gegen mich verschworen? Ist heute der erste April?*

„Ähm … also … ich kenn das ja, dass Eltern nerven, aber … ich versteh irgendwie nicht, was du meinst", erklärt Arian vorsichtig. So als wäre Moritz doof. Oder eine kleine Bombe, die jeden Moment hochgehen kann.

Moritz schnauft ein paarmal tief durch, um nicht wirklich zu explodieren. „Seid ihr alle krank? Wie kann man denn bitteschön Weihnachten vergessen?", erkundigt er sich dann. Dabei beugt er sich vor und fühlt Arians Stirn. Eigentlich ganz normal.

„Weihnachten? Was ist das?" Arian schiebt Moritz' Hand weg. „Gibt's da was Leckeres zu essen?"

„Kannst du immer nur mit dem Magen denken?", fragt Moritz und piekst Arian leicht in sein kleines Bäuchlein. „Christbaum, Geschenke, Weihnachtsmarkt – klingelt's da nicht bei dir? Oder soll ich lieber sagen: Plätzchen, Stollen, Bratwurst und Kinderpunsch?"

„Bratwurst? Also doch …"

Moritz winkt sofort ab. Er steht auf und zieht Arian auf die Füße. „Los, wir gehen zum Weihnachtsmarkt. Wenn du dann immer noch nicht weißt, wovon ich rede, geb ich auf!"

Er schiebt seinen Freund zur Tür raus – fast direkt in die Arme von Frau Gao. „Oh, wollt ihr

schon weg? Ich hab doch gerade ein paar Brote gemacht."

Moritz sieht die belegten Brote sehnsüchtig an. Lucky tänzelt um Frau Gaos Beine herum. „Wäre es okay, wenn wir die mitnehmen? Wir wollen zum

Weihnachtsmarkt, ein bisschen gucken, was da los ist."

„Wohin wollt …?"

„Raus zum Spielen", unterbricht Moritz sie sofort. *Nein, nein, nein. Nicht noch jemand, der mich fragt, was Weihnachten ist.* „Danke für die Brote", sagt er schnell und schnappt sich das Essen. Nichts wie raus hier. Arian zerrt er gleich hinter sich her, während Lucky schon schwanzwedelnd die Treppe hinunterläuft. Wenigstens einer ist glücklich.

3. Kapitel

 **Wenn man merkwürdige
Erklärungen bekommt**

Moritz traut seinen Augen nicht. Er kneift sie zu,
öffnet sie wieder, zwickt sich selbst in den Arm.
Nein, er träumt nicht. Aber das kann doch nur ein
Albtraum sein!

„Und wo soll nun dieser komische Markt sein?",
erkundigt sich Arian. Er sieht sich auf dem Platz
vor dem Rathaus um.

*Ich werde verrückt. Ich drehe durch. Ich kann
mir doch so etwas wie Weihnachten nicht ein-
gebildet haben!* Moritz dreht sich um die eigene
Achse. Aber wohin er auch blickt, gibt es keine
einzige Bude mehr. Keine gebrannten Mandeln,
kein Christbaumschmuck und der Stand mit den
leckeren Bratwürsten ist auch weg. Sogar der
große, wunderschön geschmückte Weihnachts-
baum vor dem Rathaus fehlt.

„Ähm … ich weiß nicht", stammelt Moritz
unsicher. „Also, ich schwör dir …"

Arian schüttelt nur den Kopf. „Ich glaube, du solltest mal Fieber messen", rät er seinem Freund. „Wahrscheinlich bist du krank. Das komische Zeug hast du dir auf jeden Fall ein-gebildet." Arian macht auf dem Absatz kehrt.

„Aber du kannst doch jetzt nicht gehen", be-schwert sich Moritz.

Doch Arian schaut nur kurz über seine Schulter zurück. „Lass uns hier verschwinden, das ist lang-weilig. Und außerdem muss ich heim. Von deinem ganzen Gerede über Bratwürste hab ich jetzt echt Hunger gekriegt."

„Aber ... hier läuft doch was verkehrt!",
protestiert Moritz.

Arian zögert kurz. „Ich glaube, dir geht's wirklich nicht gut. Vielleicht gehst du erst einmal nach Hause und legst dich hin. Wir können uns ja morgen wieder treffen." Und schon joggt Moritz' Kumpel davon und lässt ihn einfach stehen. Nur Lucky bleibt brav neben ihm sitzen.

„Ich versteh das nicht", murmelt Moritz. Er fasst sich an die Stirn. „Ich hab sicher kein Fieber. Und ich könnte schwören, dass der Weihnachtsmarkt gestern noch da war."

Am liebsten würde Moritz sich jetzt auf die Stufen am Brunnen setzen. Dort, wo er im Sommer so gerne hockt, ein Eis schleckt und den vorbeilaufenden Leuten zuguckt. Da kann man gut nachdenken. Doch schon bei dem Gedanken an die vereisten Steine bekommt er einen kalten Po. Aber heimgehen will er auch noch nicht.

Langsam schlurft Moritz über den leeren Platz. Bimm, bimm, bimm ... Neun Schläge der Kirchturmuhr zählt er. Mit einem Ruck bleibt er stehen. „Lucky, warum bin ich denn nicht früher darauf gekommen?" Er wuschelt dem kleinen Hund durchs Fell. „Pfarrer Obst, der muss doch wissen, was los ist."

Moritz rennt los, Lucky an der Leine hinter ihm her. Huch, jetzt hätte es fast einen Unfall gegeben. Moritz hat einen Radfahrer übersehen. „Aufpassen, junger Mann", brummt der Radler und macht einen unfreiwilligen Schlenker.

„Entschuldigung!", ruft Moritz hastig. Dann rennt er weiter.

Keuchend kommt er bei der Kirche an. „Lucky, du musst jetzt brav warten", erklärt er dem Hund. Er knotet die Leine an einem Zaun fest. „Du darfst da nicht mit rein."

Wie immer, wenn Lucky irgendwo angebunden wird, lässt er ein leises Winseln hören.

„Ich bin ja gleich wieder da. Und dann bekommst du ein Leckerli."

Moritz schiebt die schwere Kirchentür auf. Dann zieht er sich rasch die Mütze vom Kopf. Etwas muffige Luft kommt ihm entgegen. Außerdem ist es ziemlich finster in der Kirche. Die Tür quietscht und fällt mit einem dumpfen Laut hinter Moritz ins Schloss. Leise schleicht Moritz vor-

wärts. Irgendwie ist die Kirche ein wenig un-
heimlich. Beim Gottesdienst sitzen viele Leute in
den Bänken. Doch jetzt ist niemand da.

„Hallo?", fragt Moritz vorsichtig. Keine Antwort.
Wahrscheinlich hat er viel zu leise gesprochen.
Aber in einer Kirche darf man nicht laut rufen.
Moritz geht vorsichtig ganz nach vorne. Er schaut
rechts und links. Der Pfarrer ist jedoch nirgends
zu sehen. Ist er vielleicht gar nicht da? Oder sitzt
er im Beichtstuhl?

Da hinein gehe ich sicher nicht, denkt sich
Moritz, als er langsam am Beichtstuhl vorbeigeht.
Das Licht ist aus. Er kann auch kein Gemurmel
hören.

Moritz zuckt zusammen, als er ganz hinten in
der Kirche plötzlich eine Bewegung wahrnimmt.
Da ist doch jemand, oder? Schnell geht Moritz
weiter. In einer Ecke, in der es noch dunkler wird,
steht jemand. Ein Junge, etwa in Moritz' Alter. Er
guckt auf einen großen leeren Tisch. Normaler-
weise steht dort die Krippe, aber die ist auch
verschwunden.

Als Moritz zu ihm tritt, blickt der Junge vom
leeren Krippentisch auf. „Hast du den Pfarrer

gesehen?", flüstert Moritz. Der Junge schüttelt nur den Kopf und sieht Moritz traurig an.

Da kommt Moritz eine Idee. „Kann es sein, dass du auch das Weihnachtsfest suchst?" Das klingt ziemlich blöd. Wer sucht schon ein Fest?

„Weihnachten gibt es nicht mehr", erklärt da der Junge mit leiser Stimme. „Scheinbar wollen die Menschen das Fest nicht mehr."

„Hä?", macht Moritz. *Ich will Weihnachten. Bin ich niemand?* „Aber ein Fest kann doch nicht einfach so verschwinden!", ruft er ein bisschen zu laut.

Der Junge hält den Finger an seine Lippen. „Ich erkläre es dir", sagt er. „Alle Menschen denken nur noch an Geschenke, Reisen und Essen. Sie feiern Weihnachten gar nicht mehr richtig. Sie feiern nur noch, was sie sich kaufen können. Das, worum es an Weihnachten geht, das haben sie vergessen. Und deshalb ist das Weihnachtsfest jetzt verschwunden."

„Aber dagegen muss man doch etwas tun können", sagt Moritz mit zitternder Stimme. *Kein Weihnachtsfest mehr? Nie mehr? Das geht doch nicht!*

Der Junge legt den Kopf schief und starrt Moritz an. „Ja, vielleicht kannst du tatsächlich etwas dagegen tun", sagt er zögernd. „Wenn du es schaffst, dass jemand versteht, was an Weihnachten so wichtig ist, dann taucht das Fest möglicherweise wieder auf."

4. Kapitel

Wenn man eine schwierige
Aufgabe erledigen muss

Moritz trottet nachdenklich durch den kleinen
Park neben der Kirche. Lucky schnüffelt neugierig an ein paar Büschen und hebt das Bein
an einem Baum. Aber das ist im Moment nicht
wichtig.

*Was ist an Weihnachten wichtig? Na, die Ge-
schenke natürlich. Darum geht es doch.* Aber
hat er heute Morgen nicht schon versucht, das
seinen Eltern klarzumachen? Die haben das gar
nicht verstanden.

„Du hast ja einen süßen Hund", hört Moritz
plötzlich eine Stimme ganz in der Nähe. „Wie
heißt er denn?"

Eine ältere Frau steht neben Moritz. Das hat er
gar nicht gemerkt. Lucky schnüffelt neugierig an
ihren Schuhen. „Das ist Lucky. Er ist ein bisschen
frech, aber er beißt nicht", erklärt Moritz. „Sie
können ihn ruhig streicheln."

Die Frau tätschelt Luckys Kopf. Der kleine
Hund legt sich sofort hin. Er liebt es, wenn man
ihm den Bauch krault.

Da kommt Moritz eine Idee. „Darf ich Sie etwas
fragen?"

Die Frau nickt lächelnd.

„An Weihnachten …" Moritz merkt, dass die
Frau sofort komisch guckt. „Ich meine, stellen
Sie sich mal vor, es gäbe im Dezember ein ganz
tolles Fest. Das Weihnachtsfest. Was wäre da für

Sie am wichtigsten? Was sollte für Sie zu so einem Fest gehören?"

Die Frau zögert nicht lang. „Gutes Essen, das sollte auf jeden Fall dazugehören. So ein richtiger Festtagsbraten, mit vielen Beilagen und gutem Wein."

„Und sonst?", hakt Moritz nach, als nicht mehr kommt. *Das kann nicht alles sein, was an Weihnachten für sie wichtig wäre.*

„Vielleicht würde ich auch verreisen", erklärt die Frau nun etwas leiser.

Der Typ in der Kirche hat recht. Nur Essen und Reisen im Kopf. Das kann doch nicht wahr sein! „Und wohin?", fragt Moritz trotzdem höflich. Er will der Frau nicht zeigen, dass er ziemlich enttäuscht ist von ihrer Antwort.

Die Frau lächelt wieder. „Zu meiner Tochter. Sie lebt mit ihrer Familie inzwischen in den USA. Das ist so weit weg."

Moritz wird hellhörig. Es geht also gar nicht um einen Erholungsurlaub in irgendeinem Luxushotel. „Wieso wohnen Sie denn nicht bei ihr?"

Da erzählt ihm die Frau ihre Geschichte: Von ihrem Mann, der den Schwiegersohn nicht mochte.

Davon, dass ihre Tochter ausgewandert ist. Und wie ihr Mann schließlich krank wurde und starb.

„Aber dann können Sie doch jetzt zu ihrer Tochter ziehen", meint Moritz.

Die Frau zuckt mit den Schultern. „Einen alten Baum verpflanzt man nicht mehr. Und Englisch kann ich auch nicht. Mit wem soll ich da drüben denn reden?" Ein Tränchen kullert über ihre Wange. „Es würde schon reichen, wenn mich meine Tochter mit ihrer Familie zu so einem besonderen Fest mal besuchen würde. Mit meiner Enkelin. Das wäre wirklich toll! Und ich wäre nicht mehr ganz so allein."

„Es tut mir leid, dass ihre Familie so weit weg ist", murmelt Moritz betroffen. „Dann wünsche ich Ihnen, dass Sie bald Besuch bekommen."

Er verabschiedet sich von der Frau und läuft mit Lucky weiter. *Das war jetzt interessant. Erst Essen, dann eine Reise. Dass die Leute daran denken, hatte der Junge ja gesagt. Aber wenn man nachbohrt, gibt es da noch anderes ... Ob das bei Kindern auch so ist?*

Der Gedanke kommt Moritz, als er Melli auf der anderen Straßenseite entdeckt. Winkend und laut rufend saust er los. Lucky springt fröhlich neben ihm her. „Hallo, Melli! Bleib doch mal stehen."

Seine Klassenkameradin hat es aber ganz schön eilig. „Geh mir aus dem Weg", brummt das Mädchen.

„Ich will dich doch nur was fragen: Wenn es in diesem Monat ein großes Fest gäbe, was wäre daran für dich wichtig? Was würdest du dir wünschen?", stößt Moritz schnell hervor. Er versperrt ihr den Weg.

„Was ich mir wünschen würde? Oh, das kann ich dir sagen: Eine große Wohnung mit einem eigenen Zimmer. Darius geht mir echt auf den Wecker!", murrt Melli. Darius ist ihr kleiner Bruder. Aber eigentlich schwärmt sie in der Schule immer von ihm, weil er mit seinen zweieinhalb Jahren angeblich so supersüß ist.

„Stimmt was nicht?", erkundigt sich Moritz.

„Ein Fest willst du feiern?" Jetzt schaut Melli ihn zum ersten Mal richtig an. „Bleib mir bloß weg mit irgendwelchen Festen. Ich will meine Ruhe. Tür zu. Keinen sehen, der nervt oder will, dass ich mich für irgendwas entscheide."

Was ist bloß mit Melli los? Sie ist doch sonst immer so nett.

„Aber …“

Melli unterbricht ihn. „Ich kann's dir ja gleich sagen und dann kannst du es an der Schule herumerzählen: Meine Eltern haben sich getrennt. Jetzt soll ich sagen, mit wem ich die Winterferien verbringen will. Und schuld ist nur Darius. Seit der da ist, keifen sich meine Eltern ständig an.“

„Aber …", versucht Moritz es noch einmal, während Lucky um ihn herumtänzelt und ihn dabei mit der Leine einwickelt.

Doch Melli hat sich in Fahrt geredet. „Wenn du schon feiern willst, dann wünsche ich mir, dass das Fest ewig weit weg ist. Dann kann ich fort von hier. Niemanden mehr sehen, der …" Jetzt schnieft sie plötzlich. Moritz kramt in seiner Hosentasche. War da nicht noch ein frisches Taschentuch? Doch Melli ist schneller und wischt sich mit dem Ärmel ihrer Jacke über das Gesicht. „Ich will mich nicht entscheiden. Ich will bei beiden sein. Ich will einfach nur, dass sich alle wieder lieb haben", wispert sie dabei.

Das ist wirklich traurig. Sacht legt Moritz Melli die Hand auf die Schulter. „Vielleicht könnt ihr die Ferien ja doch gemeinsam verbringen. Oder du bleibst bei jedem eine Woche?" Moritz weiß, dass das kein großer Trost ist. Ob es Melli etwas aufmuntert, wenn er Weihnachten zurückbringt?

„Ich muss weiter, aber ich ruf dich morgen an", verspricht er. „Komm, Lucky!", ruft Moritz und befreit sich dabei aus der um ihn gewickelten Leine. Der kleine Hund hat sich inzwischen hingelegt. Die Pause hat ihm zu lange gedauert. Und nun knurrt auch noch Moritz' Magen. Wie gut, dass er das Brot von Arians Mutter hat. Moritz holt es heraus und bricht ein Stück ab. Das hält er Lucky hin, bevor er vom Rest einen kräftigen Bissen nimmt.

Das mit der Familie ist echt ein riesiges Thema, grübelt Moritz. Auch er kann sich kein Weihnachtsfest ohne seine Eltern oder seine Omas vorstellen. Die sind ihm viel wichtiger als Geschenke oder Reisen. *Ich muss einfach ganz viele Leute befragen. Dann finde ich schon heraus, was das Wichtigste am Weihnachtsfest ist.* Moritz sieht sich um. Inzwischen laufen jede Menge Menschen über den Marktplatz. Da bekommt er sicher noch mehr Antworten.

5. Kapitel

Wenn man
einen Plan hat

Moritz quatscht in der nächsten Stunde jede
Menge Leute an. Doch nicht jeder will mit ihm
sprechen. Ein paar erkundigen sich, warum er so
komische Fragen stellt. Dabei hat Moritz oft genug
erlebt, dass Leute Umfragen auf der Straße
machen. *Das mache ich auch,* schießt es ihm
durch den Kopf. Rasch läuft er nach Hause.

„Schon zurück?", ruft Papa, als Moritz die
Wohnungstür öffnet.

„Ich hol nur was!", brüllt Moritz zurück. Papa
saugt das Wohnzimmer. Ein Wunder, dass er ihn
überhaupt gehört hat. Schnell flitzt Moritz in sein
Zimmer. Aus der Schreibtischschublade kramt
er einen Block und einen Bleistift hervor. Der
Schülerausweis steckt in der Schultasche. Nun
noch das Wichtigste.

„Mama!", schreit Moritz den Flur hinunter.
„Kann ich mir dein Handy ausleihen?"

Mama steckt den Kopf aus dem Bad heraus, einen großen Handtuchturban auf dem Kopf. „Wozu brauchst du das denn?", fragt sie.

„Für ein Projekt. Ich will etwas erforschen. Dazu muss ich was aufnehmen."

„Für die Schule?"

Moritz verdreht die Augen. *Warum muss Mama gerade jetzt so neugierig sein?* „Nicht direkt. Aber vielleicht kann ich mein Projekt dort vorstellen", antwortet er ausweichend.

Etwas, das man für die Schule brauchen kann, findet Mama immer gut. Schon trabt sie los in ihr Büro und kommt gleich darauf mit dem Handy zurück. „Aber nicht verlieren und keine neuen Apps herunterladen", mahnt sie, als sie es Moritz in die Hand drückt. „Und heute Abend liegt es wieder auf meinem Schreibtisch."

Moritz nickt ernst. Das findet Mama auch immer gut.

„In einer Stunde gibt es Mittagessen." Den Satz hört Moritz nicht gerne, denn gleich danach kommt … „Sei pünktlich zurück." Pünktlichkeit ist auch etwas, das Mama sehr gut findet.

Aber jetzt wieder zum Marktplatz laufen, Leute befragen, dann zurück … Das kostet viel Zeit.

„Können wir früher essen? Ich hab einen Bärenhunger. Ich helf dir auch", versucht Moritz eine neue Taktik.

Mama zieht die Augenbrauen hoch. Dann sagt sie aber: „Zieh dir erst mal deine Jacke und die Stiefel aus. Danach kannst du den Tisch decken. Und den großen Topf für die Nudeln mit Wasser füllen und auf den Herd stellen. Es gibt Pasta Bolognese."

Moritz zischt sofort los. Je eher es Mittagessen gibt, desto schneller kann er mit seiner Umfrage beginnen.

Zwei Stunden später steht Moritz wieder auf dem Marktplatz. Er sagt jetzt allen Leuten, dass er für die Schülerzeitung arbeitet. Und dass er eine offizielle Umfrage macht. Die meisten bleiben nun stehen, um seine Fragen zu beantworten. Moritz notiert sich immer die Vornamen und das Alter. Das macht man bei Umfragen so. Dann stellt er seine Frage und nimmt die Antworten mit dem Handy auf. Meist muss er nachhaken. Viele Leute denken erst dann richtig nach.

Das macht richtig Spaß. Vielleicht sollte ich später mal Marktforscher werden, überlegt Moritz. *Da muss man gar nicht so viel wissen. Nur gute Fragen stellen.* Er sieht sich in alle Richtungen um. *Die Mutter dort drüben. Die ist genau richtig.*

Er steuert schnell auf eine junge Frau mit Kinderwagen zu. „Entschuldigung, haben Sie kurz Zeit für mich? Ich mache eine Umfrage für die Schülerzeitung", sagt Moritz.

Die Frau lächelt freundlich. „Was willst du denn wissen?"

Inzwischen weiß Moritz, wie er fragen muss. Weihnachten zu erwähnen, das bringt nur Verwirrung. „Stellen Sie sich mal vor, Sie könnten einen neuen Feiertag einführen. Was würden Sie am liebsten feiern? Und was würden Sie sich wünschen?"

Die junge Frau lacht. „Keine Ahnung, was ich da feiern sollte. Aber wenn ich mir was wünschen könnte, dann wäre das ein Gewinn im Lotto. Es

42

müsste keine Million sein. Ein paar Tausend Euro würden mir schon reichen."

Moritz runzelt die Stirn. So hätte er die Frau nicht eingeschätzt. Sicher: Sie sieht nicht reich aus. Aber ist Geld wirklich das Wichtigste für sie? „Und was würden Sie sich davon kaufen?", hakt er nach.

„Ein paar Flugtickets", antwortet sie sofort.

Schon wieder jemand, der vor allem ans Reisen denkt! Ist das denn wirklich so wichtig?

Doch bei dem Gedanken an den Flug sieht die Frau gar nicht fröhlich aus. Sie seufzt schwer. „Weißt du, mein Mann kommt aus Nigeria. Dort herrscht seit vielen Jahren Bürgerkrieg. Seine Eltern leben noch dort. Aber sie konnten ihren Enkel Paul noch nie sehen. Es ist viel zu gefährlich für uns, dorthin zu fliegen. Und sie kommen dort auch nicht einfach weg. Es wäre toll, wenn sie wenigstens für eine Weile zu uns in Sicherheit kommen könnten."

Moritz weiß gar nicht, was er dazu sagen soll. Er guckt nur auf das Baby im Kinderwagen. Wie traurig, dass es seine Großeltern gar nicht kennt.

„Frieden wäre schön", reißt die Frau ihn aus seinen Gedanken. „Wir sollten Frieden feiern können."

Moritz nickt ernst. „Das wäre wirklich ein schöner Grund zum Feiern. Ich wünsche mir auch ein Friedensfest."

6. Kapitel

Wenn einen niemand
verstehen will

Zu Hause hört Moritz sich alle Antworten noch mal an. Er macht eine Strichliste.

Das ist schon komisch: Alle denken immer zuerst an etwas, das Geld kostet. Sie wollen verreisen, ein Auto haben, ein riesiges Festmahl essen und natürlich teure Geschenke bekommen. Oder gleich ganz viel Geld.

Unter diesen Begriffen hat er sehr viele Striche gesammelt. Doch dann gibt es da noch anderes. Diese Sachen haben die Leute erst genannt, wenn er nachgebohrt hat: nicht allein sein, die ganze Familie bei sich haben, mit Freunden zusammen sein. Manche wollten Frieden oder sich sicher fühlen. Für andere war es wichtig, geliebt zu werden. Auch „weniger Stress" und „anderen eine Freude machen" steht auf der Liste.

Moritz grübelt. Wenn Geschenke, Reisen und gutes Essen nicht das Wichtigste an Weihnachten sind, dann kommt es wohl auf diese anderen Dinge an. Das ist es, was an Weihnachten gefeiert werden sollte.

Mir ist es auf jeden Fall wichtig, dass Mama und Papa sich lieb haben. Da kann ich auf das ferngesteuerte Auto verzichten. Und meine Omas sollen dabei sein. Ohne sie ist es doch nur halb so lustig. Der Technikbausatz? Pfff, den brauch ich nicht unbedingt.

Aber was nun? Der Junge hat gesagt, dass jemand wieder verstehen muss, was an Weihnachten wichtig ist. Wie soll er das jetzt seinen Eltern klar machen?

Da erinnert sich Moritz an ein Arbeitsblatt in der Schule. Die Überschrift lautete „Das Fest der Liebe". Das ist doch ein schöner Titel für ein Plakat. Und für ein Referat. So was hat Moritz schon mal in der Schule gemacht. Damit kann man Leute informieren und auch von etwas überzeugen. Moritz holt Stifte und einen großen Bogen Papier. Er schreibt die Überschrift in die Mitte. Dann kommt alles außen herum, was an Weihnachten gefeiert werden sollte. Dazu malt er noch ein paar Bilder. Er schreibt auch die Geburt Jesu mit

auf und zeichnet das Christkind im Stall. Schließlich ist es nicht zuletzt wichtig, den Geburtstag von Jesus zu feiern. Ohne ihn wäre Weihnachten ja sinnlos. Schließlich hat Jesus den Menschen gezeigt, wie wichtig Freundschaft, Liebe und Frieden sind.

„Mama, Papa, ich muss dringend mit euch sprechen", verkündet Moritz wenig später. Er schleppt den Wäscheständer ins Wohnzimmer und hängt sein Plakat daran auf.

„Was wird das denn?", erkundigt sich Papa neugierig.

„Ein Schulprojekt?" Mama ist sofort wieder bei ihrem Lieblingsthema.

„So etwas Ähnliches. Ein Vortrag. Und ihr müsst zuhören. Es geht um das Fest der Liebe, das wir ganz dringend brauchen." Mit seinem Lineal zeigt Moritz auf die Mitte des Plakats.

Mama und Papa setzen sich auf die Couch und schauen ihn aufmerksam an. Moritz ist ein bisschen aufgeregt. *Das muss jetzt klappen.*

„Es gibt Dinge, für die gibt es gerade kein richtiges Fest. Aber diese Dinge sind wichtig und müssen gefeiert werden", sagt Moritz in ernstem Ton. „Wir haben kein Fest mehr, an dem die Familie gefeiert wird. Es gibt Vatertag und Muttertag. Und auf dem Volksfest einen Kindertag. Aber es gibt kein Familienfest, an dem wir uns freuen, dass wir uns haben."

Moritz stoppt. Er muss an die alte Frau denken, die so allein ist. Sie würde sich sicher über Weihnachten freuen. Dann käme ihre Tochter vielleicht zu Besuch.

„Ich freue mich immer, dass ich euch habe", meint Papa lächelnd. Er steht auf und knuddelt Moritz ganz fest.

„Ich freu mich auch", murmelt Moritz. „Aber wir brauchen dafür ein Fest. Und außerdem brauchen wir ein Fest, an dem wir an andere denken."

Mama kneift die Augen zusammen. „An wen willst du denn denken?", hakt sie nach.

Moritz grübelt kurz. Das hat er gar nicht auf sein Plakat geschrieben. Aber jetzt fällt ihm Melli wieder ein. *Ich muss sie morgen unbedingt anrufen.* „Na, an Leute, die traurig sind. Wir müssen an sie denken und etwas tun, damit sie sich wieder freuen. Da ist so ein Fest genau richtig. Oder an die, die kein Geld haben. An einem Fest der Liebe könnte man ihnen einfach was schenken. Und dann sind sie vielleicht auch etwas glücklicher."

Moritz redet sich in Fahrt. Immer mehr Dinge schießen ihm durch den Kopf. *Frieden ist auch noch wichtig. Den darf ich nicht vergessen. Und Freundschaft. Wenn es Weihnachten wieder gibt, dann muss ich mit Arian unsere Freundschaft feiern.*

„Puh", macht Moritz schließlich. „Das war's. Und? Feiern wir denn nun wieder Weihnachten?" Erwartungsvoll schaut er seine Eltern an. *Das verstehen sie jetzt, oder? Das müssen sie doch einfach kapieren.*

Doch wieder blickt er in ratlose Gesichter.

„Das ist alles ganz toll, was du herausgefunden hast", sagt Mama. „Aber leider können wir kein Fest einführen, das dann alle feiern."

„Na ja, wir können für uns ein neues Fest bestimmen", widerspricht Papa ein bisschen. „Was meinst du? Wollen wir am nächsten Wochenende dein Fest der Liebe feiern?"

Moritz versteht gar nichts mehr. Warum hat das nicht funktioniert? Er hat doch getan, was der Junge in der Kirche gesagt hat. Er hat herausgefunden, was an Weihnachten wichtig ist. Und er hat es seinen Eltern erklärt.

Es wird nie wieder Weihnachten geben. Ich hab's vermasselt. Das Fest ist für immer verloren.

„Ja, können wir machen", murmelt Moritz, als er sein Plakat zusammenrollt. *Ein kleines Fest nächste Woche ist besser als gar nichts,* versucht er sich zu trösten.

Er merkt, dass Mama und Papa sich komisch anschauen. *Die halten mich sicher für verrückt. Vielleicht bin ich auch verrückt. Das muss die*

Erklärung sein. Feste verschwinden nicht einfach. Weihnachten gab es nur in meiner Einbildung!

Traurig trottet Moritz in sein Zimmer. Das Plakat stopft er missmutig in eine Ecke neben seinen Schrank. Dann lässt er sich auf seinen Sitzsack fallen. Lucky lugt um den Türrahmen herum. Der kleine Hund weiß immer, wenn etwas mit Moritz nicht stimmt.

„Soll ich es noch bei Arian probieren?", fragt Moritz Lucky. Das Fellknäuel kuschelt sich neben ihm auf den Sitzsack. „Hast recht. Der

glaubt mir auch nicht." *Wahrscheinlich denkt er, ich bin komplett durchgedreht.* Moritz wischt sich traurig eine kleine Träne weg. *So viel Arbeit. Und was hat es gebracht? Nichts!*

Beim Abendessen fühlt seine Mutter Moritz die Stirn. „Du wirst mir doch nicht krank?" Moritz schüttelt den Kopf. Nur weil er keinen Appetit hat, bekommt er doch keine Grippe.

„Hast du Zoff mit Arian?", bohrt Papa nach.

„Ich will einfach nur meine Ruhe", brummt Moritz. Er schiebt den Stuhl zurück. „Hab keinen Hunger. Ich geh ins Bett."

Damit schlurft er aus dem Zimmer. Er hört seine Eltern hinter sich noch etwas murmeln. Es klingt verdächtig nach „mal mit ihm reden" und „zum Doktor".

Wie soll ich denn über etwas reden, das die nicht kapieren? Und der Doktor holt Weihnachten auch nicht zurück.

Moritz bleibt kurz vor seinem Bücherregal stehen. Natürlich ist das große Weihnachtsbuch weg. Und die „24 Geschichten für den Advent" fehlen auch. *Wenigstens ist das Tierlexikon noch da, das Oma mir vergangenes Jahr zu Weih-nachten geschenkt hat.* Das schaut er wirklich gern an.

Schnell waschen, Zähne putzen und in den Schlafanzug schlüpfen. Dann kriecht Moritz mit dem dicken Buch unter die Bettdecke. *Ich muss Weihnachten einfach vergessen. Weihnachten gibt es gar nicht,* denkt er, bevor er einschläft.

7. Kapitel

Wenn wieder alles
beim Alten ist

Als Moritz am nächsten Morgen aufwacht, starrt er ewig an die Decke. *Irgendetwas stimmt nicht. Irgendwas hab ich vergessen.* Und dann fällt es ihm plötzlich wieder ein: Weihnachten ist verschwunden. Für immer.

Moritz schnieft ein wenig. Am liebsten würde er sich den ganzen Tag unter der Bettdecke verkriechen. Doch er hört Papa schon in der Küche. Er brutzelt das Frühstück. Das macht er am Sonntag immer. Sicher streckt er bald den Kopf herein, um ihn zu wecken.

Als Moritz die Füße aus dem Bett schiebt, wird er sofort von Lucky begrüßt. „Guten Morgen", brummt er leise und krault den Hund. „Ja, wir gehen nachher raus. Aber erst nach dem Frühstück, okay?"

Das Wort Frühstück kennt Lucky gut. Sofort saust der Hund davon in Richtung Küche. Moritz schlurft ins Bad und zieht sich danach warme Klamotten an. Es sieht nach Schnee aus. Und er hat keine Lust zu frieren, wenn er mit Lucky Gassi geht.

„Guten Morgen! Heute schon so früh? Ohne dass ich dich aus dem Bett werfen muss?" Papa schiebt den Speck in der Pfanne herum, als Moritz in die Küche kommt. „Sagst du Mama, dass wir gleich essen können?"

Moritz nickt wortlos. Mama läuft schon im Flur herum, so fröhlich wie an jedem Tag. „Guten Morgen, mein Schatz. Hast du gut geschlafen?"

Moritz zuckt nur mit den Schultern.

„Was ist los mit dir?"

Moritz zuckt wieder mit den Schultern. Was soll er schon sagen?

Mit einem besorgten Blick schiebt Mama ihn in die Küche. „Hannes, mit Moritz stimmt was nicht. Gestern so früh ins Bett, heute vor dem Wecken raus. Und schau dir sein Gesicht an!"

Papa wirft ihm einen Blick über die Schulter zu. „Iss mal was. Und dann sagst du uns, welche Laus dir über die Leber gelaufen ist." Papa verteilt Speck und Spiegeleier auf die drei Teller.

Als wenn Essen eine Lösung wäre. Moritz lässt sich auf seinen Stuhl fallen.

„Vielleicht bessert sich deine Laune, wenn du heute mal deinen Wunschzettel schreibst", meint Mama. Sie streicht ihm dabei durch die Haare.

Wunschzettel? Wofür denn? Für ein Fest, das verschwunden … Moment mal! „Wieso Wunschzettel?"

„Na, willst du dieses Jahr denn gar keine Weihnachtsgeschenke?", erkundigt sich Papa mit einem Stirnrunzeln.

Weihnachtsgeschenke? Hat er wirklich Weihnachtsgeschenke gesagt?

„Aber Weihnachten …? Feiern wir denn …? Also gibt es wirklich noch …?" Moritz bringt keinen geraden Satz heraus.

Mama kichert. „Das war wohl das richtige Wort, um alle Sorgen wegzublasen. Aber denk dran, dass du dir auch etwas wünschst, das Oma Rita und Oma Dörte schenken können. Nicht nur so technisches Zeug."

„Ich bekomme Weihnachtsgeschenke? Wir feiern Weihnachten? Wirklich?" Moritz kann es gar nicht glauben.

Mama tatscht sofort wieder an seiner Stirn herum. „Ich glaube doch langsam, dass du ernsthaft krank wirst."

Nach dem Frühstück ist Moritz nicht mehr zu bremsen. „Komm, Lucky! Wir müssen sofort zu Arian." Ungeduldig hüpft Moritz herum, während Lucky sein Bein an einem Baum hebt. „Ich muss ihm doch erzählen, dass Weihnachten zurück ist." *Alles war nur ein schlechter Traum, oder?* Das war zumindest die Erklärung seiner Eltern. Feste verschwanden nicht einfach. Und ebenso wenig tauchten sie einfach wieder auf. Er hat den ganzen vorherigen Tag nur geträumt!

Frau Bauer von nebenan sieht Moritz komisch an, als sie zur Haustür herauskommt. Wahrscheinlich denkt sie, er ist verrückt, weil er so herumhüpft. Aber er ist nur glücklich.

Lucky rennt auf seinen kurzen Beinen hinter Moritz her zu Arians Haustür. Moritz klingelt Sturm. Frau Gao ist sehr überrascht, dass er schon so früh vorbeikommt. Und Arian staunt nicht schlecht, wie schnell Moritz heute die Treppe nimmt.

„Es ist wieder da! Weihnachten ist wieder da!", jubelt Moritz, als er Arian mit ihrem Handschlag begrüßt.

Arian guckt ihn merkwürdig an. „Wieder da?" Sein Freund scheint genauso wenig zu verstehen wie seine Eltern.

Völlig egal. Hauptsache, wir können alle zusammen Weihnachten feiern.

„Wir gehen zum Weihnachtsmarkt. Der ist doch da? Auf dem Marktplatz?"

Arian nickt. „Da wird noch nicht viel los sein."

Auch egal. Ich muss nur sehen, dass er wieder da ist.

Ein paar Minuten später sind sie endlich auf dem Weg. Moritz rennt fast, so aufgeregt ist er.

Arian hat sich schon zweimal beschwert, dass er so hetzt. Als sie um die nächste Ecke biegen, strahlen Moritz' Augen. Da ist ja der Weihnachtsmarkt! „Riechst du das? Gebrannte Mandeln! Ahhh! Herrlich!"

Moritz joggt los, bleibt dann aber plötzlich stehen. Fast läuft Arian in ihn hinein. Dort drüben ist Melli. Sie läuft langsam an den Buden vorbei. Ganz ohne hinzugucken.

„Warte mal einen Moment", meint Moritz. Er drückt Arian Luckys Leine in die Hand. Rasch sprintet er zu seiner Klassenkameradin.

„Hallo, Melli. Wie geht's dir?", erkundigt er sich.

„Pfff. Wie soll's mir schon gehen? Mies." Melli guckt ihn gar nicht an.

Moritz hat ein komisches Gefühl. Von der Trennung ihrer Eltern hat sie ihm doch nur in seinem Traum erzählt. Oder hat er das irgendwo anders aufgeschnappt?

„Irgendetwas stimmt doch nicht. Das sehe ich genau", hakt er nach.

Melli guckt ihn nun doch an. Sie zuckt mit den Schultern und seufzt. „Meine Eltern haben sich getrennt", murmelt sie und schnieft dabei ein bisschen.

„Das tut mir sehr leid." Moritz legt ihr tröstend die Hand auf den Arm. „Und ich will nicht, dass du an Weihnachten so traurig bist." Er überlegt kurz. „Willst du vielleicht in der Woche nach den Feiertagen mit mir ins Kino gehen?", fragt er dann. „Da kommt ein neuer Trickfilm. Der ist sicher lustig."

Melli schaut ihn verwundert an. „Du willst mit mir ins Kino gehen?"

Moritz nickt. Sie sind keine besten Freunde, aber Melli ist nett. Sie verdient ein bisschen Freude. „Ja, und ich lade dich ein", schiebt er noch hinterher.

Melli macht große Augen und guckt ein wenig verlegen. „Okay, das ist lieb von dir. Rufst du mich an?"

„Klar doch!" Moritz macht kehrt und winkt ihr noch zu, als er zu Arian zurückläuft. *Freude verschenken ist echt toll,* denkt er, als er Mellis Lächeln sieht.

Arian schaut fragend. „Was war das denn?"

Moritz zuckt mit den Schultern. „Melli geht's grad nicht so gut. Deshalb hab ich sie ins Kino eingeladen."

Arian legt den Kopf schief. „Bist du etwa in sie verknallt?"

„Quatsch. Sie tut mir nur leid. Und Weihnachten ist doch ein Fest der Freundschaft. Du kommst doch auch mit, oder?"

Arian zuckt mit den Schultern. „Meinetwegen. Aber ihr turtelt dann nicht dauernd herum, ja?"

Moritz spürt, wie ihm plötzlich ganz warm wird. Nicht weil er in Melli verliebt ist. Das ist er wirklich nicht. Aber es tut gut, etwas Schönes für sie zu planen.

Die Jungen schlendern weiter über den Weihnachtsmarkt. Moritz kauft Mandeln und Zuckerwatte und zwei Lose. Arian lacht über Moritz' Eifer. „Du kannst die Spendierhosen gerne länger anbehalten."

Moritz grinst. Dabei muss er noch an etwas anderes denken. An die alte Frau aus dem Park vor der Kirche. *Ob sie an Weihnachten Besuch von ihrer Tochter bekommt?* Moritz guckt sich um. Wenn er sie nur fragen könnte. *Wenn ich sie noch mal treffe, dann erkundige ich mich nach ihrer Telefonnummer. Vielleicht können wir sie zu Kaffee und Kuchen einladen.*

Plötzlich bleibt Moritz' Blick an einer Bude hängen. Davor steht ein Junge. Er dreht sich gerade zu ihnen um. „Das ist doch ..." Moritz klappt die Kinnlade nach unten. Schnell macht er den Mund wieder zu, als Arian ihn fragend anguckt. Wie soll er ihm erklären, dass er den Jungen aus der Kirche kennt? Aus seinem Traum?

Der Junge guckt direkt zu Moritz herüber. Dann lächelt er. Zwinkert er ihm zu? Zwei Sekunden später dreht sich der Junge um und verschwindet hinter der Bude.

Moritz schüttelt den Kopf. Das war wirklich ein merkwürdiger Traum und ein seltsames Wochenende. Aber er ist sich sicher, dass Weihnachten so schnell nicht mehr verschwinden wird.